Katja Günther

Werkzeuge zur Realisierung des Business Intelligence

Katja Günther

Werkzeuge zur Realisierung des Business Intelligence

GRIN Verlag

Bibliografische Information der Deutschen Nationalbibliothek: Die Deutsche Bibliothek
verzeichnet diese Publikation in der Deutschen Nationalbibliografie; detaillierte bibliografische Daten sind im Internet über http://dnb.d-nb.de/ abrufbar.

1. Auflage 2004
Copyright © 2004 GRIN Verlag
http://www.grin.com/
Druck und Bindung: Books on Demand GmbH, Norderstedt Germany
ISBN 978-3-638-72406-7

MARTIN-LUTHER-UNIVERSITÄT

HALLE-WITTENBERG

-Wirtschaftswissenschaftliche Fakultät-

Institut für Wirtschaftsinformatik und Operations Research

Seminararbeit

WERKZEUGE ZUR REALISIERUNG DES
BUSINESS INTELLIGENCE

Seminar „Allgemeine Wirtschaftsinformatik",
Sommersemester 2004

Vortragsdatum: 08.06.2004

Katja Günther

8. Fachsemester

INHALTSVERZEICHNIS

1 *Einleitung*   *1*

   1.1   Grundlagen   1

   1.2   Zielsetzungen und Anforderungen   3

2 *Methoden und Werkzeuge*   *3*

   2.1   Datensammlung   3

      2.1.1 Datenintegration   4
      2.1.2 Datenspeicherung   6

   2.2   Datenaufbereitung   11

      2.2.1 OLAP   12
      2.2.2 Data Mining   16

   2.3   Informationsdarstellung   18

3 *Architektur*   *21*

   3.1   Allgemeine Architektur   21

   3.2   Anbieterarchitekturen   21

4 *Schlußwort*   *23*

ABBILDUNGSVERZEICHNIS

Abbildung 1:
Systor AG: Data Warehousing mit ETL-Tools -
http://www.olap-competence-
center.de/bisysteme.nsf/f1b7ca69b19cbb26c12569180032a5cc/
51ba58ccd922d027c1256c22004e3cc5!OpenDocument,
abgerufen am 27.05.2004   4

Abbildung 2:
in Anlehnung an: Mucksch, Behme: Das Data Warehouse-Konzept, 4. Auflage, Wiesbaden
2000   8

Abbildung 3:
Mucksch, Behme: Das Data Warehouse-Konzept, 4. Auflage, Wiesbaden 2000   8

Abbildung 4:
in Anlehnung an:
Sattler, K.-U.; Conrad, S.: Vorlesung Data Warehouse Technologien, Kapitel 2 -
http://www.iti.cs.uni-magdeburg.de/~sattler/hal/dw02.pdf, abgerufen am 27.05.2004   11

Abbildung 5:
Schweinsberg, K.; Messerschmidt, H.: OLAP - Gut gewürfelt ist halb entschieden! -
www.db.informatik.uni-kassel.de/~ks/OLAP-Poster.pdf, abgerufen am 27.05.2004   14

Abbildung 6:
Vorlesung zu Knowledge Discovery, AIFB Uni Karlsruhe
http://www.aifb.uni-karlsruhe.de/Lehrangebot/Winter2001-
02/kdd01_02/scripte/3_Vertrautmachen.pdf, abgerufen am 27.05.2004   14

Abbildung 7:
Vorlesung zu Knowledge Discovery, AIFB Uni Karlsruhe
http://www.aifb.uni-karlsruhe.de/Lehrangebot/Winter2001-
02/kdd01_02/scripte/3_Vertrautmachen.pdf, abgerufen am 27.05.2004   15

Abbildung 8:
Wiedmann, K.-P.; Buckler, F.: Auszug aus: Neuronale Netze im Marketing-Management -
Praxisorientierte Einführung in modernes Data Mining
http://www.olap-competence-
center.de/bisysteme.nsf/f1b7ca69b19cbb26c12569180032a5cc/
2134e576d3f5a4e3c1256a41005fd470!OpenDocument,
abgerufen am 27.05.2004   16

Abbildung 9:
Wiedmann, K.-P.; Buckler, F.: Auszug aus: Neuronale Netze im Marketing-Management -
Praxisorientierte Einführung in modernes Data Mining

http://www.olap-competence-center.de/bisysteme.nsf/
f1b7ca69b19cbb26c12569180032a5cc/
2134e576d3f5a4e3c1256a41005fd470!OpenDocument,
abgerufen am 27.05.2004   **18**

Abbildung 10:
Informatica Corporation: http://www.informatica.com//products/poweranalyzer/
default.htm, abgerufen am 27.05.2004   **20**

Abbildung 11:
Informatica Corporation: http://www.informatica.com//products/poweranalyzer/
default.htm,
abgerufen am 27.05.2004   **20**

Abbildung 12:
Informatica Corporation: http://www.informatica.com//products/poweranalyzer/
default.htm,
abgerufen am 27.05.2004   **21**

Abbildung 13:
BusinessObjects
http://www.businessobjects.com/products/ abgerufen am 27.05.2004   **22**

Abbildung 14:
Softlab
www.softlab.de/
sixcms/media.php/93/20040212_SCM%20BW%20Pr%E4sentation_ext.pdf,
abgerufen am 27.05.2004   **22**

1 Einleitung

1.1 Grundlagen

Diese Seminararbeit setzt sich im Folgenden mit Werkzeugen zur Realisierung von Business Intelligence auseinander. Der Begriff Business Intelligence (BI) wird in der letzten Zeit immer mehr zum Schlagwort. Kaum eine Ausgabe aktueller IT-Zeitschriften, in denen man nicht wenigstens einen Artikel zum Thema Business Intelligence findet. Marktforschungsunternehmen, wie die Meta Group oder BARC überbieten sich in der Durchführung immer neuer Studien zum Thema. Immer mehr Anbieter sprießen hervor und auch große Unternehmen, wie Microsoft, Oracle oder Intel propagieren ihre Produkte neuerdings als „besonders geeignet" für Business Intelligence.

Dabei ist der Begriff zwar neu, das Konzept aber nicht: „Bereits in den 60er Jahren tüftelten IT-Hersteller jeglicher Coleur an Ansätzen, Führungskräfte bei ihren Entscheidungen durch zielgerichtete Informationsverarbeitung zu unterstützen – alleine die technisch limitierten Möglichkeiten ließen jegliches Engagement im Sande verlaufen." [IT-Fokus, S. 24] Diese frühen Informationssysteme wurden als Management Informationssysteme (MIS) bezeichnet. Im Laufe der Jahre prägten sich verschiedene Bezeichnungen für ähnliche Systeme, wie z.B. Führungsinformationssystem (FIS), Vorstandsinformationssystem (VIS), betriebliches Navigationssystem (BNS), Decision Support System (DSS), Executive Information System (EIS). [Fank] Die bekanntesten Bezeichnungen sind DSS, FIS und EIS. Bei näherer Betrachtung zeigen sich unterschiedliche Schwerpunkte dieser drei Systeme. EIS haben die Hauptaufgabe vorhandene Informationen verdichtet aufzubereiten, während FIS bereits mit analytischen Funktionalitäten ausgestattet sind. Den Höhepunkt, bezogen auf den Funktionalitätsumfang, erreichen diese Systeme in den DSS, welche höhere Anforderungen an den Anwender stellten. [Fank] Nach dieser Einteilung kann man Business Intelligence in den Bereich der FIS bzw. DSS einordnen. Wenn im Folgenden von entscheidungsunterstützenden Systemen gesprochen wird, ist also auch das Konzept des Business Intelligence gemeint.

In der Literatur und im Internet findet man die verschiedensten Definitionen für den Begriff Business Intelligence. Das Business Application Research Center (BARC) definiert BI „als die entscheidungsorientierte Sammlung und Aufbereitung von Daten zur Darstellung geschäftsrelevanter Information" und bezeugt, dass es eine „immer stärkere strategische Bedeutung für Unternehmen" erlangt. [BARC] Das [Net-Lexikon] trifft den Punkt, indem es schreibt „Business Intelligence ist ein verhältnismäßig junger und uneinheitlich verwendeter Begriff. Allgemein umfasst der Begriff die analytischen Prozesse und Werkzeuge, um Unternehmens- und Wettbewerbsdaten in handlungsgerichtetes Wissen zu transformieren. Es werden unternehmensinterne und -externe Daten als Quellen herangezogen." Die Gartner Group, welche den Begriff 1989 prägte, definiert: „Business Intelligence ist the process of transforming data into information and, through discovery into knowledge" [Gartner]. Martin Köster formuliert eine gängige Definition, wie folgt: „Business Intelligence beschreibt analytische Prozesse, die sowohl die Bereitstellung quantitativer und qualitativer Daten als auch die Aufdeckung relevanter Zusammenhänge und die Kommunikation der gewonnenen Erkenntnisse zur Entscheidungsunterstützung umfassen. Vorhandene Unternehmens- und Geschäftsdaten werden also in handlungsanleitendes Wissen umgeformt." [Köster] Eine weitgehend anerkannte und oft zitierte Definition stammt von [Grothe/Gentsch] und lautet, wie folgt: „Business Intelligence bezeichnet den analytischen Prozess, der – fragmentierte – Unternehmens- und Wettbewerbsdaten in handlungsgerichtetes Wissen über die Fähigkeiten, Positionen und Ziele der betrachteten internen oder externen Handlungsfelder (Akteure und Prozesse) transformiert."

Durch die immer schneller fortschreitende Veränderung der Marktsituation werden Unternehmen gezwungen, ihre Entscheidungsprozesse mit ebenso großer Geschwindigkeit durchzuführen. Diese müssen auf soliden und präzisen Analysen aller Unternehmensdaten aufsetzen. Besonders große Konzerne können diese ohne technische Unterstützung kaum noch bewältigen. An diesem Punkt setzt Business Intelligence an. [IT-Fokus, S. 25] Mit Hilfe einer zielgerichteten und im allgemeinen mehrdimensionalen Analyse der -meist fragmentiert - vorliegenden Datenmengen aus unterschiedlichsten unternehmensinternen und -externen Quellen und ihrer Auswertung lässt sich eine Strategie ableiten, die einen Wettbewerbsvorteil gegenüber Konkurrenten einbringt. [IT-Fokus, S. 25]

BI-Marktbeobachter unterscheiden laut [IT-Fokus, S. 25] drei unterschiedliche Adressaten für Business Intelligence-Systeme: den Informationskonsumenten, der eher grobgranulare Informationen, wie z. B. monatliche Berichte für seinen Aufgabenbereich, benötigt, den Knowledge-Worker, der tiefergehende Informationen, wie z. B. Zahlen zum Umsatz oder Verkauf in einem bestimmten Land oder einer Region, benötigt und den Analysten, der die intensivsten Auswertungen benötigt. Ursprünglich als Führungs- (FIS) oder Managementinformationssystem (MIS) eingeordnet, adressiert Business Intelligence nicht mehr nur das Management eines Unternehmens. Nutzer sind vielmehr „alle Personen, die einen Informationsbedarf zu Geschäftsprozessen, Marktgeschehen oder anderen entscheidungsrelevanten Sachverhalten haben. Dies schließt auch andere Beteiligte in der Prozesskette ein, wie beispielsweise Kunden oder Lieferanten, die mit relevanten Daten versorgt werden. [BARC]

Im Einzelnen wird Business Intelligence in drei Prozessphasen untergliedert, die in den Daten der Unternehmung verborgene Zusammenhänge finden, daraus Wissen entwickeln und die Ergebnisse an die entsprechenden Quellen weitergeben sollen:

- **Bereitstellung** quantitativer und qualitativer, strukturierter oder unstrukturierter Basisdaten

- **Entdeckung** relevanter Zusammenhänge, Muster und Musterbrüche oder Diskontinuitäten gemäß vorbestimmter Hypothesen oder hypothesenfrei

- Teilung und Nutzung der gewonnenen Erkenntnisse zur Stützung von Maßnahmen und Entscheidungen (**Kommunikation**) [sapbwst]

Business Intelligence kommt beispielsweise zu Leistungsmessung interner Geschäftsprozesse zum Einsatz und ist dadurch ein wichtiges Instrument für das Controlling (z. B. in einem Balanced-Scorecard-Ansatz). Weiterhin kann es das Management der Kundenbeziehungen (CRM) unterstützen, z. B. durch die Identifizierung von Kundensegmenten. Die Identifizierung von Einsparpotentialen im Einkauf anhand der Analyse von Lieferantenbeziehungen oder die Informationsbereitstellung in Lieferketten im Rahmen des Supply-Chain-Management (SCM) sind ebenfalls Einsatzbereiche des Busines Intelligence. [BARC]

Business Intelligence ist ein umfassendes Konzept, das unterschiedlichste Aufgaben für unterschiedliche Benutzer erfüllen soll. Jede Lösung muss speziell auf das Unternehmen und die zu erfüllenden Aufgaben angepasst werden. Dabei kommen je nach Anforderung unterschiedliche Komponenten zum Einsatz.

Die Seminararbeit gibt einen einführenden Überblick über Werkzeuge und Methoden des Business Intelligence. Weiterführende Informationen bietet die im Literaturverzeichnis aufgeführte Fachliteratur.

1.2 Zielsetzungen und Anforderungen

„Im Grunde genommen verfolgt BI stets das Ziel, Perspektiven und Erkenntnisse zu sammeln, um anschließend geschäftskritische Entscheidungen schneller und effizienter treffen zu können", fasst Dr. Heinz Häfner, Vice President für die Produktlinie Business Intelligence bei SAP zusammen [IT-Fokus, S. 25].

Dabei müssen die entscheidungsunterstützenden Systeme nach [BARC] besondere Anforderungen erfüllen:

- Daten müssen aus heterogenen, unternehmensinternen sowie –externen Daten integriert werden, um eine Verknüpfung von Informationen zu ermöglichen.

- Daten müssen über einen langen Zeitraum gespeichert werden, um Trends erkennen und Vorhersagen berechnen zu können.

- Daten sollen in verschiedenen Verdichtungsstufen in einem Informationsmodell zur Verfügung stehen, welches Entscheidungsrelevante Sachverhalte in Ihrem Kontext darstellen kann.

- Anwenderwerkzeuge müssen intuitiv bedienbar sein und kurze Antwortzeiten auch bei komplizierten Anfragen bieten.

- Es müssen sowohl verschiedene Aufgabenbereiche als auch unterschiedliche Anwenderkreise abgedeckt werden.

2 Methoden und Werkzeuge

Analog der Einteilung in die drei Prozessphasen, kann man die an BI beteiligten Komponenten auch nach Ihren Aufgaben unterteilen. Die erste Aufgabe ist die Datensammlung. Darauf folgt die Datenaufbereitung und als dritte die Informationsdarstellung.

2.1 Datensammlung

Als Datensammlung bezeichnet man im Zusammenhang mit BI eine Sammlung von Daten, die in Entscheidungssituationen zur Verfügung stehen soll. [BARC] Diese unterteilt sich in die Bereiche Datenintegration und Datenspeicherung. Bei beiden müssen die Aufgaben des Metadatenmanagements (Datendokumentation) und der Qualitätssicherung berücksichtigt werden.

Metadaten dienen der semantischen und strukturellen Beschreibung der Daten. Dabei werden die Informationsobjekte beispielsweise hinsichtlich ihrer Speicherparamter, Herkunft, Struktur, Zusammensetzung und Inhalt dokumentiert. Dies ist unerlässlich für eine schnelle und effiziente Verwaltung, Ordnung, Suche und das Wiederfinden der Daten. Eine ausführliche Beschreibung des Metadatenmanagements erfolgt unter Punkt 2.1.2.1. [BARC]

Die Datenqualität ist ebenfalls ein wichtiger Aspekt, insbesondere hinsichtlich der in der Regel qualitativ schlechten Daten, die operative Systeme liefern. Qualitätsmängel sind z. B. fehlende, redundante, falsch verknüpfte oder definierte sowie inhaltlich falsche Daten. Diese Mängel treten wegen der höheren Anforderungen meist erst in Business-Intelligence-Systemen zu Tage. Deshalb ist eine Überprüfung der Daten in den Vorsystemen (Data Profiling) und während der Datenintegrationsprozesse besonders wichtig. [BARC]

2.1.1 Datenintegration

Die Datenintegration beinhaltet die Überführung von Daten aus Vorsystemen in die Systeme zur Datenspeicherung, z. B. ein Data Warehouse, des Business-Intelligence-Systems. Dieser wichtige Prozessschritt ist sehr aufwändig, da Datenquellen und –strukturen im Allgemeinen in heterogener Form vorliegen. Damit sind viele unterschiedliche Dateiformate und andere Inkonsistenzen gemeint. Vor der Überführung in ein Data Warehouse müssen die Daten zuerst in einen homogenen und konsistenten Zustand überführt werden. Die Datenintegration gliedert sich in drei Schritte: die Extraktion der Daten aus den Vorsystemen, ihrer Transformation sowie das Laden der Daten in ein Data Warehouse. Analog dazu werden die Werkzeuge, die diese Schritte ausführen, ETL-Tools genannt. [BARC]

2.1.1.1 ETL

ETL bedeutet: Extraktion, Transformation und Laden. So genannte OLTP-Systeme (On-Line Transaction Processing) bzw. operationale DV-Systeme dienen neben externen Quellen als Datenbasis für das Data Warehouse (DW). Mit Hilfe von ETL-Tools werden diese Daten extrahiert und in das Data Warehouse bzw. in Operational Data Stores (ODS) geladen. Um ein oder mehrere Data Marts (vgl. Punkt 2.1.2) mit Daten zu füllen, wird anschließend ebenfalls ein ETL-Tool benutzt.

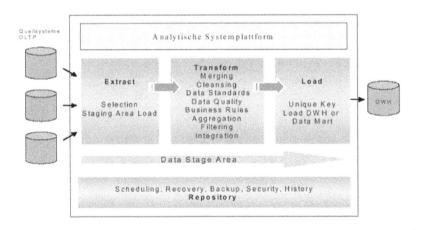

Abbildung 1: Funktionsbereiche eines ETL-Tools

Abbildung 1 zeigt die Funktionsbereiche eines ETL-Tools, wobei der Block in der Mitte den eigentlichen ETL-Prozess beinhaltet.

Im Rahmen der Datenselektion und –extraktion werden die Daten aus den Quellsystemen auf die Zielplattform übertragen. Dies kann zunächst eine Data Staging Area – ein Realzeit Data Mart -, ein Data Mart oder das Data Warehouse sein. Dabei unterstützt das ETL-Tool die unterschiedlichen Quellstrukturen, Plattformen und Datenbanksysteme der Unternehmen. [Systor] Die Quelldaten werden in ein einheitliches, für das Data Warehouse verständliches Format gebracht.

Die Datenqualität spielt dabei eine sehr wichtige Rolle, denn die unzureichende Qualität der Quelldaten ist eine der Hauptursachen für Misserfolge bei der Umsetzung von Data Warehouse-Projekten. „Datenmüll, sowie unsaubere und inkonsistente Daten ergeben falsche Informationen, diese wiederum führen zu Fehlentscheidungen aufgrund nicht verifizierter und in sich unstimmiger Daten. Die Datenqualität ist folglich auch ein entscheidender Faktor dafür, ob sich ein Unternehmen am Markt behaupten kann. Nach Schätzungen des US-amerikanischen Data Warehousing Institute liegt der durch mangelhafte Datenqualität verursachte jährliche Schaden allein in den USA bei über 600 Milliarden Euro." [IT-Fokus, S. 17] Das Data Warehousing Institute hat sieben Attribute identifiziert, die „die Qualität von Daten charakterisieren:

1. **Genauigkeit:** Repräsentieren die Daten exakt die Realität oder eine verifizierbare Quelle?

2. **Integrität:** Ist die Struktur der Daten und die Beziehungen zwischen ihren Inhalten und Attributen konsistent?

3. **Konsistenz:** Stimmen die Definitionen der Datenelemente überein und liegt ein einheitliches Verständnis zugrunde?

4. **Vollständigkeit:** Sind alle notwendigen Daten verfügbar?

5. **Validität:** Liegen die Datenwerte innerhalb eines akzeptablen Wertebereichs, der vom Unternehmen definiert wird?

6. **Zeitgenauigkeit:** Liegen die Daten genau dann vor, wenn sie gebraucht werden?

7. **Zugriffsmöglichkeit:** Kann auf die Daten einfach zugegriffen werden? Sind sie verständlich und nutzbar?" [IT-Fokus, S. 17]

Um die Datenqualität zu gewährleisten, integrieren spezielle Lösungen, wie die SAS Data Quality Solution eine Datenqualitätskomponente in den ETL-Prozess. [IT-Fokus S. 17]

„Im Rahmen des Datentransformationsprozesses werden die Quelldaten in das Zieldatenmodell überführt. Neben einer einfachen Zuordnung von Datenelementen der Quellsysteme in das entsprechende Feld des Zielmodells werden auch Berechnungen oder Aggregationen durchgeführt. Des Weiteren können Filter appliziert werden, damit nur Daten mit bestimmten Werten weiterverarbeitet werden." Dabei werden in einem Data Warehouse in der Regel nicht die Schlüsselfelder der Quellsysteme verwendet, sondern künstliche Schlüssel – Surrogate Keys – gebildet. Diese können Zeitstempel oder einfach eine fortlaufende Zahl sein. Damit soll vermieden werden, dass Daten zusammengeführt werden,

die logisch nicht zusammengehören. Die Schlüsselgenerierung wird genau so wie eine Historisierung der Daten von ETL-Tools unterstützt. [Systor]

Beim Ladevorgang werden die Daten abschließend in Zieltabellen geladen. Hierbei werden die am meisten verbreiteten Datenbanksysteme, wie DB2 oder Oracle und auch XML (eXtensible Markup Language unterstützt. [Systor]

XML ist eine Weiterentwicklung von HTML (Hypertext Markup Language) für die Darstellung von Internetseiten. Inhalt und Formatierung sind im XML-Dokument getrennt. Im Gegensatz zu HTML, welches beschreibt, welches Aussehen eine Webseite haben soll und welche Interaktionsmöglichkeiten der Betrachter hat, beschreibt XML die Bedeutung des Inhalts. [Net-Lexikon]

Die Metadatenverwaltung spielt hierbei ebenfalls eine große Rolle. Durch die ETL-Tools werden lediglich die technischen Metadaten in einem Repository (dem Data Warehouse eigenen Metadatenverwaltungssystem) eingetragen, d. h. die Informationen, die zur Verwaltung und Steuerung der ETL-Prozesse notwendig sind sowie Geschäftsregeln, die in Form von Transformationsregeln umgesetzt werden. Benutzerrelevante Daten werden nicht abgespeichert. [Systor]

2.1.2 Datenspeicherung

Entscheidungsrelevante Daten werden in dedizierten Datenbanken gespeichert. Dazu bedarf es einer themenorientierten, integrierten, zeitvarianten, nichtvolatilen Sammlung zur Entscheidungsunterstützung des Managements – dem Data Warehouse [Inmon/Hack].

2.1.2.1 Data Warehouse-Konzept

Beim Data Warehouse-Konzept handelt es sich ebenfalls nicht um eine neue Technologie. Harry Mucksch und Wolfgang Behme [Mucksch/Behme, S. 5-29], auf die ich mich in diesem Gliederungspunkt hauptsächlich beziehe, beschreiben die Entwicklung des Data Warehouse-Konzept, wie folgt: „Das Konzept des unternehmensweiten Datenpools wurde erstmals Anfang der 80er Jahre unter den Schlagworten Data Supermarket und Super Databases erwähnt. [o. V. 94, ff] Weitere Bezeichnungen sind: Atomic Database, Decision Support System Foundation, Information Warehouse, Business Information Resource und Reporting Database." 1988 stellte IBM ein internes Projekt mit der Bezeichnung European Business Information System (EBIS) vor. 1991 wurde es in Information Warehouse Strategy umbenannt. Das Konzept „beinhaltete Produkte, Mechanismen und Vorgehensweisen zur Überwindung der Heterogenität und Bewältigung der Informationsexplosion. Ziel der war die Versorgung autorisierter Einzelpersonen mit zuverlässigen, zeitrichtigen, genauen und verständlichen Geschäftsinformationen aus allen Unternehmensbereichen zum Zwecke der Entscheidungsunterstützung." [Powe94, 13] Anfang der 90er Jahre wurde EBIS „als Data Warehouse-Konzept von verschiedenen Hardwareherstellern sowie Software- und Beratungshäusern aufgegriffen und als Dienstleistungspaket auf einem stark expandierenden Markt angeboten." [Data 94, ff]

Das Data Warehouse im engeren Sinne bezeichnet eine unternehmensweite Datenbasis, die von den operationalen DV-Systemem isoliert und speziell für den Endbenutzer aufgebaut ist. Der Schwerpunkt des Data Warehouse liegt auf der effizienten Bereitstellung und Bearbeitung großer Datenmengen zur Durchführung von Auswertungen und Analysen in entscheidungsunterstützenden Systemen. Daten werden deshalb zweckneutral gespeichert und völlig unabhängig von den operationalen Geschäftsprozessen in neue, logische

Zusammenhänge gebracht. Auf diese Weise werden einerseits Informationen zur Steuerung und Kontrolle operativer Geschäftsprozesse erhalten, andererseits können so auch marktorientierte Prozesse unterstützt werden. Dies führt zu einer ständigen Überprüfung und gegebenenfalls Veränderung der operativen Geschäftsprozesse. [Mucksch/Behme]

Im Gegensatz zu operativen Systemen, die in der Regel auf innerbetriebliche Abläufe und Funktionen, wie beispielsweise Materialwirtschaft, Vertrieb und Finanzbuchhaltung, ausgerichtet sind, werden Daten im Data Warehouse **themenorientiert** nach Objekten gespeichert. Dies sind z. B. Produkte, Kunden oder Märkte. Mit Hilfe von OLAP können Entscheidungsträger die Daten aus verschiedenen Blickwinkeln (Dimensionen) betrachten. Häufig betrachtete Dimensionen sind beispielsweise die Kundenstruktur (z. B. Kundengruppen), die Produktstruktur (z. B. Produktfamilie) oder Regionalstruktur (z. B. Land). [Mucksch/Behme] Die zeitpunktgenaue Betrachtung von Daten spielt ebenfalls eine untergeordnete Rolle. Daten, die die Entwicklung des Unternehmens über einen bestimmten Zeitraum repräsentieren, sind wichtiger. Der **Zeitraumbezug** ist somit immer impliziter oder expliziter Bestandteil der Daten im Data Warehouse. Ein Zeitraum kann bis zu 15 Jahre betragen. Dies ermöglicht z. B. Trendanalysen über historische Daten. In Abhängigkeit ihres Alters werden solche Daten in unterschiedlichen Verdichtungsstufen gespeichert. Durch die Einbindung des betrachteten Zeitraums in die Schlüssel der Daten kann ein Zeitraumbezug hergestellt werden. [Mucksch/Behme] Um eine unternehmensweite **Integration** von heterogenen Daten in einem einheitlich gestalteten Konzept zu verwirklichen und eine konsistente Datenhaltung im Sinne einer Struktur- und Formatvereinheitlichung umzusetzen, wurden für die Datenübernahme im Data Warehouse-Konzept verschiedene Vorkehrungen getroffen:

* eindeutige Bezeichnungen für alle Daten

* Bereitstellung dieser in einem Meta-Informationssystem

* Bereinigung der Datenfeldbezeichnungen und Anpassung der unterschiedlicher Datenformate

Das Merkmal der **Nicht-Volatilität** sagt aus, dass die Daten im Data Warehouse nach der fehlerfreien Integration in der Regel nur in Ausnahmefällen oder zur Aktualisierung geändert werden, denn unter dem Begriff Volatilität versteht man den Grad, mit dem sich Daten im Lauf der normalen Nutzung ändern. Korrekturläufe sollten an vorher festgelegten Tagen durchgeführt werden. Um die Nicht-Volatilität zu gewährleisten, können fast alle Datenzugriffe nur lesend erfolgen. Dadurch werden keine Locking-Mechanismen, wie in üblichen Datenbanksystemen, benötigt. Die Systembelastung kann also erheblich reduziert werden. Alle erstellten Auswertungen und Analysen lassen sich jederzeit nachvollziehen, da der Datenbestand sich nicht ohne weiteres ändern kann. Deshalb sollten Änderungen der Datenbasis aus Konsistenz- und Integritätsgründen durch eine zentrale Stelle durchgeführt werden. [Mucksch/Behme]

Neben der Ausrichtung der Daten auf die Anforderungen der Entscheidungsträger ist ein weiterer Grund für die Ausgliederung entscheidungsunterstützender Systeme aus dem Bereich der opterationalen Systeme die effiziente Verarbeitung einer hohen Anzahl sequentiell gelesener Datensätze. Operationale DV-Systeme sind im Gegensatz dazu auf die effiziente Verarbeitung des relativ statischen Tagesgeschäfts ausgerichtet. Dies erfordert eine hohe Anzahl von Transaktionen und den Zugriff auf wenige Datensätze. Dadurch ist die Systembelastung managementuntersützender Systeme sehr unregelmäßig. Würde man diese in

operationale DV-Systeme einbinden, hätte dies eine zeitweise Überlastung durch die unregelmäßigen Zugriffe zur Folge. Das Merkmal der Nicht-Volatilität wäre durch ein operationales DV-System auch nicht gewährleistet, da sich die Daten in diesen System ständig ändern. [Mucksch/Behme] Die folgende Abbildung zeigt die Unterschiede in der Hardware-Nutzung:

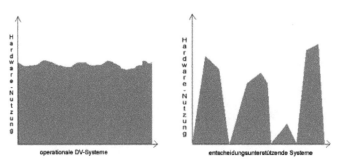

Abbildung 2: Unterschied der Hardware-Nutzung operationaler DV-Systeme und entscheidungs-unterstützender Systeme

Abbildung 3 zeigt eine idealtypische Data Warehouse Architektur:

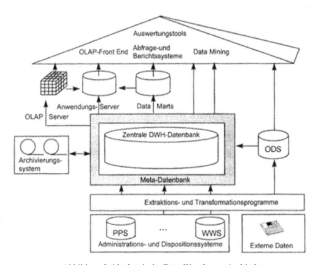

Abbildung 3: idealtypische Data Warehouse-Architektur

Die zentrale DWH-Datenbank ist die Datenbasis und bildet den Kern des Data Warehouse-Konzepts. Sie enthält sowohl aktuelle als auch historische Daten aus allen eingebundenen Unternehmensbereichen in unterschiedlichen Verdichtungsstufen, auch Aggregationsstufen genannt, und stellt das Data Warehouse im engeren Sinne dar. [Mucksch/Behme]

8

Im Rahmen der Datengewinnung kann man zwischen unternehmensinternen und unternehmensexternen Datenquellen unterscheiden. Unternehmensinterne Daten werden zum größten Teil aus operationalen DV-Systemen gewonnen. Ein kleiner Teil wird aber auch aus managementunterstützenden Systemen abgeleitet. Hier findet sozusagen eine Rückwärtskopplung statt, indem Daten über gewonnene Erkenntnisse und verbesserte Geschäftsprozesse dem Data Warehouse wieder zugeführt werden. Um relevante Auswertungen und Analysen zu erstellen, müssen Entscheidungsträger die unternehmensinternen Daten mit unternehmensexternen Daten vergleichen. Diese Daten liegen als große Anzahl von heterogenen Datenquellen vor. Beispiele dafür sind z. B. Nachrichtendienste von Wirtschaftsverbänden, Markt-, Meinungs- und Trendforschungsinstitute, externe Datenbanken, Unternehmensnetzwerke, in Auftrag gegebene Untersuchungen, eigene Beobachtungen usw. Die wichtigste und umfangreichste Quelle ist inzwischen das World Wide Web (WWW).Durch die hohe Informationsvielfalt ist eine systematische Suche und Identifikation der relevanten Daten unerlässlich. Da für Dokumente aus dem Internet bereits Standardformate, wie HTML existieren, ist die Integration dieser Daten in das Data Warehouse relativ einfach. Hierfür kann ein Verfahren namens Web Farming benutzt werden. Es beschreibt die systematische Auffindung von WWW-Inhalten und deren Hinzufügung zum Data Warehouse. [Mucksch/Behme] Nach [Hack96/Bold99] vollzieht sich die Durchführung des Web Farming idealtypisch in den folgenden sechs Schritten:

1. Identifikation von unternehmenskritischen Schlüsselobjekten
2. Zuordnung der Schlüsselobjekte zu den Angeboten im WWW
3. Systematische Untersuchung des WWW-Angebots
4. Analyse des extrahierten Inhalts
5. Strukturierung im Hinblick auf das Data Warehouse-Schema
6. Bekanntmachung der Information

Durch die zentrale Speicherung der unternehmensexternen Daten, wird sichergestellt, dass alle im Unternehmen vorhandenen, notwendigen externen Daten zur Verfügung stehen. Dadurch können alle Entscheidungsträger mit der gleichen Datenbasis arbeiten und der Aufwand für die Datengewinnung wird erheblich reduziert, da sie nur einmal durchgeführt werden muss. In den Operational Data Store (ODS) wird ein kleiner und zeitpunktaktueller Teil entscheidungsunterstützender Daten zur Unterstützung der operativen Unternehmensführung übertragen, wenn von Entscheidungsträgern für bestimmte Bereiche zeitpunktaktuelle Daten nachgefragt werden. Dadurch soll die Zeitspanne zwischen zwei Datenübernahmen in das Data Warehouse überbrückt werden. Die Datenstrukturen sind bereits an die Anforderungen der Auswertungswerkzeuge angepasst. Die benötigten Daten werden im Rahmen der Abarbeitung relevanter Transaktionen der operationalen DV-Systeme online transformiert und gespeichert. Dabei wird zwar das Transaktionsvolumen erhöht, gleichzeitig erfolgt aber eine Entlastung der operationalen DV-Systeme, denn der größte Teil, der zur Abwicklung des Tagesgeschäftes benötigten Auswertungen greift auf die verdichteten Daten des ODS zu. Eine weitere wichtige Komponente des Data Warehouse-Konzepts ist das bereits erwähnte Metadatenmanagement. Dafür besitzt das Data Warehouse eine Metadatenbank (auch Repository genannt). Einerseits sollen dadurch Mitarbeiter aller Abteilungen selbständig von ihnen benötigte Daten aus dem Data Warehouse herausfiltern können und Hintergrundinformationen über Datenquellen, Transformationen und Verdichtungen erhalten. Um die Relevanz des gefundenen Datenmaterials für die Geschäftsprozesse zu beurteilen, benötigen Endbenutzer nicht nur Zugang zu den Daten des Data Warehouse, sondern darüber hinaus eine Vielzahl weiterer Informationen, um die richtigen Daten in den Kontext ihrer zu erfüllenden Aufgaben einordnen zu können. Während die Suche bei operationalen Anwendungssystemen durch die Applikationslogik übernommen wird, ist die Suchfunktion in Data Warehouse-Anwendungen

entweder in die Auswertungswerkzeuge integriert oder das Metadatenbanksystem muss benutzt werden. Man kann es für den Endbenutzer mit einem Hilfesystem gleichsetzen, dass aus einem Informationskatalog und einer Navigationshilfe besteht. Der Informationskatalog beschreibt Informationsobjekte, wie beispielsweise Grafiken, Tabellen, Texte, vorgefertigte Abfragen usw. für die Endbenutzer verständlich und die Navigationshilfe unterstützt die selbständige und problemorientierte Navigation im Metadatenbestand. Den Endbenutzern sollten zur Unterstützung der Suche nach bestimmten Daten geeignete Werkzeuge zur Verfügung gestellt werden. Dies erhöht die Wahrscheinlichkeit der Akzeptanz des Data Warehouse durch die Entscheidungsträger. Andererseits unterstützt das Metadatenbanksystem aber auch die Administratoren des Data Warehouse. Es stellt alle notwendigen Informationen zur Steuerung der Transformationsprozesse aus den Datenquellen und der Distributionsprozesse zu den weiterverarbeitenden Systemen zur Verfügung. [Grothe/Gentsch]

Im Rahmen der Meta Daten-Verwaltungsfunktion werden nach [MuHR96, 426] u. a. Meta Daten gespeichert über:

- das dem Data Warehouse zugrunde liegende Datenmodell
- die semantische und dv-technische Beschreibung aller Daten
- Informationen über den gesamten Transformationsprozess
- Die Abbildung aller vorhandenen Aggregationsstufen einschließlich des zeitlichen Ablaufs
- Bestehende Auswertungen und Analysen als Mustervorlagen für andere Aufgabenstellungen
- Daten aus externen Quellen, versehen mit einem Eintrag über Inhalt, Quelle, Datum, Form, Archivierungsort, Querverweisen

Meta Daten können nach D. McClanahan in folgende drei Ebenen unterteilt werden [McCl96, 78f]:

- operationale oder Datenquellen bezogene Meta Daten
- Data Warehouse bezogene Meta Daten
- Benutzer- bzw. Geschäftssicht-bezogene Meta Daten

Zusätzlich zu den erwähnten, sollten in der Meta Datenbank folgende Meta-Informationen verfügbar sein [Brac96, 194ff]:

- Lexikon der Datenbezeichnungen
- Thesaurus
- Glossar
- Datenstrukurverzeichnis
- Verzeichnis der Integritätsbedingungen
- Cross-Referenz-Tabellen
- Data Directory

Das Data-Warehouse beinhaltet neben der Datenbasis auch ein Archivierungssystem, welches die Bereiche Datensicherheit und –archivierung abdeckt. Der Datensicherung wird zur Wiederherstellung des Data Warehouse im Fall eines Programm- oder Systemfehlers angewendet. Der Bereich Archivierung fokussiert die Ablage von Dokumenten, die z. B. aus gesetzlichen oder betriebsinternen Gründen aufbewahrt werden müssen. Entsprechend der Aufbewahrungsvorschriften entscheidet man Daten, die nur kurzfristig benötigt werden, solche,

die eine mittlere Lebensdauer haben und Daten, die eine langfristige Nutzungsdauer aufweisen [GuSS93, 7]. Im Data Warehouse liegt der Schwerpunkt auf der Archivierung langfristiger Daten, um einen möglichst großen Zeitraum zu analysierender Daten zu gewährleisten [Chri96]. Eine weitere Aufgabe des Archivierungssystems ist die Recherche. Ihr Schwerpunkt liegt in der aktuellen, schnellen, einfachen und umfassenden Bereitstellung von Informationen und Dokumenten. Ziel ist hierbei die Steigerung der Effizienz bei der Nutzung der archivierten Informationen und Kosteneinsparungen. Die Art der gewählten Indizierung ist hierbei entscheidend für die effiziente Recherche. [FäHo94, 18]

2.1.2.2 Data Marts

Data Marts sind kleinere Einheiten des Data Warehouse. Sie dienen der besseren Überschaubarkeit. Außerdem ist eine Zerlegung des Data Warehouse effektiver, da Auswertungen auf großen Datenbanken häufig sehr zeitaufwändig sind. Data Marts beinhalten meist Daten zu bestimmten Themenbereichen, auch Subjektbereiche genannt, wie z. B. die Kopie aller relevanten Daten einer Region, einer bestimmten Produktgruppe oder eines Zeitausschnitts, die auf eine spezielle Gruppe von Endanwendern zugeschnitten ist. Dabei ist der Ausschnitt des Data Warehouse, den der Data Mart beinhaltet, redundant gehalten, um die gleiche Datenbasis zu gewährleisten. Es handelt sich also um eine echte Teilmenge des zugrunde liegenden Data Warehouse, wodurch die Pflege der Data Marts leichter ist. Aus dieser Abhängigkeit ergibt sich die logische Konsequenz, dass das Datenmodell der Data Marts in der Regel mit dem des Data Warehouse identisch ist. Ein gutes Beispiel für die Effektivität von Data Marts ist die Tatsache, dass sich durch gezielte Analyse der Geschäftsprozesse Kerninformationen herauskristallisieren lassen, so dass Data Marts generiert werden können, die 80% der Anfragen mit nur 20% der gesamten Daten abdecken. [Grothe/Gentsch]

Die folgende Abbildung verdeutlicht das Konzept der Data Marts:

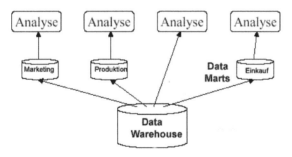

Abbildung 4: Abhängigkeit von Data Marts und Data Warehouse

2.2   Datenaufbereitung

Um die im Data Warehouse gesammelten Daten in geschäftsrelevante Informationen umzuwandeln, müssen diese meist entsprechend aufbereitet werden.
Dabei kann es sich um die automatische Erstellung von Standardberichten, aber auch die analytische Modellierung und Verarbeitung von Daten sein. Um den Unterschied zu transaktionsorientierten Systemen, wie OLTP (On-line Transaction Processing), das die operationalen DV-Systeme umfasst und Informationen satzweise und in Echtzeit abfragt klar

zu machen, wird in diesem Zusammenhang häufig von OLAP (On-Line Analytical Processing) gesprochen. [BARC]

2.2.1 OLAP

[Thomsen] definiert OLAP, wie folgt: „OLAP ist the Process of creating and managing multidimensional enterprise data for analysis and viewing by the user who seeks an understanding of what the data is really saying." Die Betonung sollte auf On-Line und Analytical liegen. „Mit OLAP wird eine Datenbanktechnologie bezeichnet, die speziell für Ad hoc (on-line)- Auswertungen mit komplexem (analytical) Charakter entwickelt wurde." [Control]

OLAP ist kein Ergebnis der Datenbankmanagementtechnologie, sondern eher ein Ergebnis von Modellierungs- und Analysesoftware und dem Bedarf der analytischen Stärken von Matrizenrechnung. Die zwei Entwicklungsbemühungen für die Technik, die heute als OLAP bekannt ist, heißen „Express" Entwicklung von Management Decision Systems (später übernommen von Information Resources und dann von Oracle) und die „System W" Entwicklung von Comshare, beide begonnen zwischen 1960 bis 1980. Einen großen Anteil an der Prägung des Begriffs OLAP hatten die Bemühungen der Firma Arbor Software (Essbase). OLAP ist ein gutes Beispiel für die Devise: „Finde Taktiken, die funktionieren und dann mach eine Strategie daraus." Zwischen 1970 und 1990 installierten Kunden tausende von Systemen bevor sie als OLAP bekannt wurden. Jedoch fehlte lange eine einheitliche Identität. Es gab nur Pakete mit multidimensionalen Merkmalen, die sich über den ganzen Markt verteilten. Dies begann sich zu verändern. 1995 wurde das OLAP Council gegründet, welches eine große Rolle dabei spielte, den Begriff zu etablieren. [Thomsen] Der Begriff OLAP wurde 1993 von [Codd et. al] geprägt: „Fast Analysis of Shared Multidimensional Information (FASMI)" beschreibt den wesentlichen Inhalt von OLAP [Jahnke]:

- **„Fast":** Möglichst schneller Zugriff auf die Daten und schnelle Analysen, im Schnitt 5 für aufwändige Abfragen höchstens 20 Sekunden; Abfragezeiten sollten sich linear zum Abfragevolumen verhalten;

- **„Analysis":** Umgang mit Geschäftslogik und statistischen Analysen; auch ohne Einsatz einer Sprache der 4. Generation, Beispiele für Analyseformen sind: Zeitreihenvergleiche, „What-if"-Simulationen, Ausnahmeberichtswesen, Währungsumrechnungen usw.;

- **„Shared":** Mehrbenutzerbetrieb, benutzerabhängiger Zugriffsschutz

- **„Multidimensional":** effiziente Speicherung multidimensionaler betrieblicher Kennzahleninformationen

- **„Information":** Bereitstellung der gesamten, von den Benutzern benötigten Informationen, unabhängig von Datenmenge und -herkunft.

OLAP bietet dem Benutzer die Möglichkeit, die im Data Warehouse vorhandenen Daten nach bestimmten Gesichtspunkten zu visualisieren. Die Visualisierung erfolgt durch den multidimensionalen Charakter auf eine für den Benutzer natürliche Art und Weise. Der Benutzer kann sehen, was, bezogen auf das Unternehmen, gut und was schlecht ist, was sich geändert hat und was sich ändern wird. Dies geschieht durch Vergleiche, die die

Unternehmenskennzahlen in einen Kontext setzen [Thomsen]. Typische Vergleiche sind beispielsweise:

- Produktverkäufe und Gewinn geographisch geordnet (Produktprofitabilität)
- Produktverkäufe auf den Vertriebskanal bezogen (Promotionsanalyse)
- Gewinne nach Geschäftseinheiten (Profitabilität der Geschäftseinheiten)

OLAP findet in allen Unternehmensbereichen Anwendung, in denen es um die Auswertung und Analyse betrieblicher Kennzahlen nach verschiedenen Gesichtspunkten geht, so z. B. in der Finanzanalyse oder in der Marktforschung

Codd stellte analog zu seinen Regeln für relationale Datenbanksysteme Regeln für OLAP auf. Die ersten 12 Regeln sind Basisregeln, die von [Codd et. al.] 1993 veröffentlicht wurde. Sie sind nicht unwidersprochen. Da die Veröffentlichung von der Firma Arborsoft protegiert wurde, wurden Vorwürfe laut, sie seien zu sehr auf deren Produkt ausgerichtet. Deshalb haben andere Anbieter sowie die Gartner Group und Codd selbst, dem Katalog noch mehr Regeln hinzugefügt. Inzwischen umfasst der Anforderungskatalog über 50 Regeln [Jahnke]. Die 12 Basisanforderungen wurden aus [Jahnke, Anhang] entnommen. Sie lauten:

1. **Multidimensionale konzeptionelle Sicht auf die Daten:** Das OLAP-Werkzeug muss eine multidimensionale Sicht auf das Datenmaterial ermöglichen.

2. **Transparenz:** Die technische Umsetzung der OLAP-Funktionalität muss dem Benutzer vollständig verborgen bleiben.

3. **Zugriffsmöglichkeiten:** Dem Benutzer muss über das OLAP-Werkzeug der Zugriff auf alle für seine Analysen relevanten Unternehmensdaten möglich sein.

4. **Konsistente Leistungsfähigkeit:** Die Abfragegeschwindigkeit sollte unabhängig von der Anzahl der Dimensionen und der festgelegten Verdichtungsebene des Zahlenmaterials sein.

5. **Client-Server-Architektur:** Da die Basisdaten i. d. R. auf unterschiedlichen Systemen abgelegt sind, ist es erforderlich, dass das OLAP-System in einer Client-Server-Umgebung eingebunden werden kann.

6. **Generische Dimensionen:** Die einzelnen Dimensionen sollten hinsichtlich ihrer Struktur und Funktionalität einheitlich sein.

7. **Dynamische Handhabung dünn besetzter Matrizen:** Das physische Schema des OLAP-Systems muss an das logische angepaßt sein. I. d. R. ist eine OLAP-Datenbank in Bezug auf ihre theoretisch maximale Größe dünn besetzt. Das OLAP-Werkzeug muss sich hinsichtlich der Speicherungsform der konkreten Datenverteilung anpassen und die adäquaten Zugriffsformen realisieren.

8. **Mehrbenutzerunterstützung**

9. **Unbeschränkte dimensionsübergreifende Operationen:** Es muss eine Möglichkeit bestehen, mehrere Dimensionen in Berechnungen einzubeziehen und solche Berechnungsvorschriften in der OLAP-Datenbasis festzuhalten.

10. **Intuitive Datenanalyse:** Die Navigation und Manipulation innerhalb der OLAP-Datenbasis sollte intuitiv erfolgen.

11. **Flexibles Berichtswesen:** Beliebige Ausschnitte aus der Datenbasis müssen abgefragt und gegenseitig gegenübergestellt werden können.

12. **Unbegrenzte Anzahl von Dimensionen und Konsolidierungsebenen:** Es dürfen keine Beschränkungen hinsichtlich der Anzahl der Dimensionen und Konsolidierungsebenen vorhanden sein.

Die Forderung nach einer intuitiven Datenanalyse wird durch die Multidimensionalität der Daten in OLAP gewährleistet. Daten werden hierbei in Datenwürfeln, so genannten Hyper Cubes, organisiert. Die Benutzer sollen dadurch die dargestellten Daten auf eine natürliche Art und Weise sehen – multidimensional. Sie können die Daten im Kontext und im Vergleich und Kontrast zu ähnlichen Daten aus einem anderen Kontext sehen (vgl. Abb. 5).

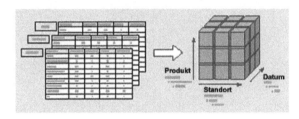

Abbildung 5: Überführung der Daten vom relationalen ins
multidimensionale Schema (Hyper Cube)

Jede Kennzahl hängt von einer Menge von Dimensionen ab. Diese bilden den Kontext der Kennzahlen. Beispielsweise hängen die Verkaufszahlen (Kennzahl) von den Dimensionen Produkt, Region und Zeit ab. [AIFB] Die so dargestellten Kennzahlen können nach verschiedenen Dimensionen und zugeordneten Hierarchien selektiert werden. Die Operationen heißen Slice, Dice und Drill-Down bzw. Roll-Up.

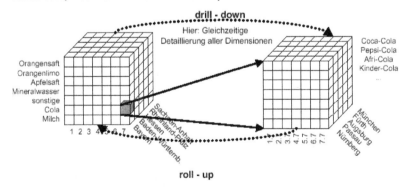

Abbildung 6: Drill-Down & Roll-Up

Entlang der Attribut-Hierarchien werden die Daten verdichtet bzw. wieder detailliert und sind so auf verschiedenen Aggregationsstufen für Analysen zugreifbar. [AIFB]

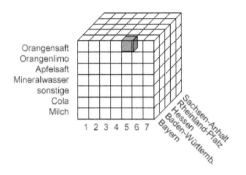

Abbildung 7: Slice & Dice

Slice & Dice entspricht dem Herausschneiden einer Scheibe *(slice)* aus dem Hyper-Würfel. Nur diese Scheibe wird weiterhin visualisiert. Abb. 7 zeigt die Verkaufszahlen für Orangensaft in Bayern im Mai. [AIFB]

Die OLAP Architektur richtet sich nach den Anforderungen der Benutzer. Deshalb gibt es verschiedene Arten. „Beim Desktop Online Analytical Processing (DOLAP) befinden sich die Daten sowie Auswertungs- und Präsentationssoftware im Arbeitsplatzrechner des Anwenders. Die Menge der analysierbaren Daten ist begrenzt, da sie über ein Netz aus dem Datenbestand des Unternehmens übertragen werden muss. Der Vorteil besteht darin, dass das Netz weniger beansprucht wird und der Anwender mobiler ist, da er nicht bei jeder Anfrage auf einen OLAP-Server zugreifen muss. DOLAP eignet sich daher für wenig umfangreiche Analysen mit klar abgegrenzter Aufgabenstellung. Multidimensionales OLAP (MOLAP) basiert nicht auf *SQL*, sondern bedient sich eigener Programmierschnittstellen. Dadurch können die Grenzen von Standard SQL überschritten und zahlreiche analytische Funktionen am Server selbst durchgeführt werden. Die Integration von MOLAP-Techniken und -Zugriffsmethoden mit der relationalen Technologie erfolgt über Drill Through. Die Daten werden aus dem Data Warehouse in das multidimensionale Format kopiert. Ein wesentlicher Vorteil: MOLAP-Lösungen bringen in der Leistung sehr gute Resultate, denn die Transaktionsdaten werden konsolidiert, bevor sie in eine mehrdimensionale Struktur gebracht werden."[Cognos] Beim relationalen OLAP (ROLAP) werden die Daten physikalisch als relationale Daten abgelegt. In der relationalen Datenbank werden viele Beziehungen gespeichert, die logisch einen mehrdimensionalen Würfel darstellen. Dadurch können auf der relationalen Datenbank mehrdimensionale Analysen durchgeführt werden [AIFB]. "Das Hybrid Online Analytical Processing (HOLAP) ist eine Kombination aus ROLAP und MOLAP. Bei HOLAP befinden sich die gesamten Daten in einer relationalen Datenbank, und mit den häufig gebrauchten Informationen werden zusätzlich multidimensionale Datenwürfel gebildet. Auf diese Weise arbeiten häufig vorgenommene Analysen mit MOLAP und kurzen Antwortzeiten; für seltenere Analysen wird auf das langsamere ROLAP-Verfahren zurückgegriffen." [Cognos]

2.2.2 Data Mining

Während OLAP für das Modellieren und Analysieren von Informationen zuständig ist, ordnet man dem Data Mining die Funktionen Filtern und Entdecken zu [WI-Kal]. Ende der 80er Jahre entstand auf Grund der zunehmenden Bedeutung der Information als Wettbewerbsfaktor und der Problematik sehr großer Datenbestände, die mit klassischen Analysemethoden nicht mehr auswertbar sind, die interdisziplinäre Forschungsrichtung „Knowledge Discovery in Databases" (KDD). Mittlerweile wird diese Technik überwiegend als Data Mining bezeichnet. In der englischsprachigen Literatur findet sich eine deutliche Abgrenzung der beiden Begriffe, während sie im deutschen Sprachraum fast ausschließlich synonym gebraucht werden. Das Begriffsverständnis war zu Beginn oft uneinheitlich. Deshalb finden sich auch hier die unterschiedlichsten Definitionen. [Wi/Bu/Bu] Einen Überblick bietet Abbildung 8:

Data Mining Definition	Autor1
Data Mining finds novel, valid, potentailly useful and ultimately understandable patterns in mountains of data.	K. Burn-Thornton Professor, University Plymouth
Data Mining is finding new and useful knowledge in data.	Gregory Piatetsky-Shapiro Editor, KDnuggets.com
Data Mining is the application of statistical decision theory to huge, messy data sets to maximize profits.	Warren S. Sarle SAS Institute Inc.
Fill in the blanks. "If I only knew _____ then I could do _____." Data Mining is providing the answer in the first blank.	Ed Freeman Accrue Software Inc.
"KDD beschreibt automatisierte Verfahren, mit denen Regelmäßigkeiten in Mengen von Datensätzen und in eine für Nutzende verständliche Form gebracht werden." (Der zugrunde liegende Data Mining-Begriff ist lt. Author äquivalent mit "Knowledge Discovery in Databases" (KDD)).	Reginald Ferber GMD-IPSI und TU Darmstadt (Ferber, R., 1999)

Abbildung 8: Unterschiedliche Begriffsdefinitionen für Data Mining

Schaut man sich die Definitionen an, bemerkt man, dass sich alle auf einen Vorgang beziehen, den man umgangssprachlich auch als „Lernen" bezeichnen kann. Der Unterschied zum allgemeinen Verständnis ist, dass sich Data Mining erst auf das Lernen einer Maschine, d. h. eines Computers, und dann auf das Lernen des bedienenden Menschen konzentriert. Dabei kann man es als Oberbegriff für Methoden und Techniken, die bislang unbekannte Zusammenhänge in Datenbeständen aufdecken   helfen, ansehen. Kurz und prägnant wird es auch als Datenmustererkennung bezeichnet. [Mucksch/Behme]

Data Mining verfolgt in Wesentlichen zwei Ziele: Das Anstreben einer zuverlässigen Prognose unbekannter oder zukünftiger Werte und Entwicklungen und die Analyse von Datenmengen zum Zweck der Erkennung nützlicher und interessanter Datenmuster [Mucksch/Behme]. Als Triebfedern des Data Mining gelten die Forschungsrichtungen Statistik, Datenbanksysteme, Visualisierung, Fuzzysettheorie, Künstliche Intelligenz mit den Teilbereichen Genetische Algorithmen, Neuronale Netze und maschinelles Lernen, Anwendungsgebiete aus der Medizin und den Natur- und Wirtschaftswissenschaften. [Wi/Bu/Bu]

Data Mining kann man in mehrere Prozesse unterteilen. Es wird typischerweise durch fünf oder mehr Prozesschritte beschrieben. [Wi/Bu/Bu] zeigen ein detailliertes Prozess-Schema in 8 Schritten:

1. **Problemdefinition:** Definition eines geeigneten Ziels

2. **Auswahl der Datenbasis:** z. B. ein Data Warehouse

3. **Datenaufbereitung**

4. **Datenreduktion:** Reduzierung hochdimensionaler auf niedrigdimensionale Datenbasen

5. **Festlegung der Methoden:**

   a. Interdependenzanalyse: Gruppierung der Objekte anhand ihrer Eigenschaften und daraus Erzeugung weniger, für alle repräsentative Objekte

   b. Dependenzanalyse: Herausfinden der Zusammenhänge von Eigenschaften des Untersuchungsobjekts zu einer anderen Eigenschaft

6. **Data Mining i. e. S.:** Anwendung der ausgewählten Methode; Identifizierung der gesuchten Muster in den Daten

7. **Interpretation der Muster**

8. **Ergebnisrepräsentation & -anwendung:** Visuelle Aufbereitung der Ergebnisse

Data Mining kann in allen Bereichen angewendet werden, in denen Daten systematisch erhoben werden. Ein beliebtes Anwendungsfeld ist das Costumer Relationship Management (CRM). Hierbei wird z. B. auf der Basis von Kundendatenbanken versucht, die Gründe herauszufinden, warum per Brief angeschriebene Kunden antworten oder nicht. Wenn die so genannte „Responsewahrscheinlichkeit" eingeschätzt werden kann, werden nur noch die Kunden angeschrieben, von denen angenommen werden kann, dass sie antworten. Das spart Zeit und Geld. So spart laut [Wi/Bu/Bu] „die Firma Microsoft einige Millionen Dollar pro Jahr, indem sie mit Hilfe von neuronalen Netzen die Anwortquote von zwei auf acht Prozent steigerte. Ein neueres Anwendungsfeld ist die Bestückung von Web-Seiten mit Werbebannern. Findet man anhand der von jedem Internetsurfer an die angesteuerte Web-Seite übertragenen Daten die Ursachen heraus, warum ein Werbebanner angeklickt wird, können jedem Surfer genau die Banner präsentiert werden, die ihn interessieren. [Wi/Bu/Bu]. Ein weiteres Beispiel ist die Anwendung in der Verbechensbekämpfung. Analysten überwachen die Kommunikationswege von Verbrecherorganisationen, die Bewegungen von Serienkillern und die Ziele von Grenzschmugglern [Kantardzic]. Wichtige Verfahren des Data Mining zeigt Abbildung 9:

Methode	Kennzeichen
Assoziations-regeln	Verfahrensklasse, mit der sich Verbundbeziehungen zwischen gemeinsam auftretenden Objekten ermitteln lassen. Liefern Vorhersagen über das Auftreten eines Objektes in Abhängigkeit anderer Objekte.
Entschei-dungsbaum-verfahren	Verfahrensklasse zur Klassifikation, die die zu klassifizierenden Objekte unter Berücksichtigung ihrer Merkmalsausprägungen sukzessiv in Klassen aufteilt, unter Rückgriff auf die Annahme, dass für jeden Klassenwert bestimmte Attribute oder Attributskombinationen verantwortlich sind.
Genetische Algorithmen	Universelles Optimierungsverfahren, das nach dem Prinzip der „Natürlichen Auslese" aus einer Menge an Lösungen diejenige bestimmt, welche eine möglichst gute i.S. einer „erlesenen" Lösung darstellt. Eignet sich auch für nicht-metrische Optimierungsprozesse.
Clusterana-lyse	Ziel der Clusteranalyse ist die Zerlegung von Mengen an Objekten bei gleichzeitiger Betrachtung aller relevanten Merkmale so in Teilmengen, dass die Ähnlichkeit zwischen den Objekten eines Clusters möglichst groß, die zwischen den Gruppen jedoch möglichst gering ist.
Faktor-analyse	Die Faktorenanalyse untersucht multivariate Dateien, bei denen die Annahme sinnvoll ist, dass die beobachteten Variablen von Einflussgrößen abhängig sind, die selbst nicht unmittelbar gemessen werden können oder wurden und als Faktoren bezeichnet werden.
Regressi-onsanalyse	Die Regressionsanalyse dient der Analyse von linearen Beziehungen zwischen einer metrisch abhängigen und einer oder mehreren unabhängigen metrischen Variablen.
Diskriminan-zanalyse	Mit Hilfe der Diskriminanzanalyse kann untersucht werden, ob und wie gut sich Gruppen von Elementen, die durch eine Reihe an Variablen beschrieben werden, voneinander unterscheiden.
K-Nächste-Nachbarn	Klassifikationsverfahren (gleiche Anwendung wie Diskriminanzanalyse), welche die Klasse eines Objektes gemäß der unter K ähnlichen Objekten am häufigsten vorkommende Klasse bestimmt.
Neuronale Netze	Universelle Approximatoren, „Baukastensystem", aus einfachen Rechenoperatoren, durch deren Kombination logische Zusammenhänge und Regeln darstellbar sind.

Abbildung 9: Verfahren des Data Mining

Dem Unternehmen begegnet Data Mining in Form von Data Mining-Tools: „Hilfsmittel, die durch Nachbilden bestehender Zusammenhänge oder durch geeignetes Zusammenfassen von Informationen selbständig aus Datenbeständen Erklärungen und Prognosen erzeugen können." [Wi/Bu/Bu] Diese Tools können entweder in Business Intelligence-Suiten integriert sein oder eigenständig existieren.

2.3 Informationsdarstellung

„Der Aufbau eines Data Warehouse und die Modellierung und Aufbereitung der Daten nach dem OLAP-Ansatz dient nur einem Zweck: entscheidungsrelevante Informationen darzustellen und weiterzuverarbeiten." [BARC] Dieser Abschnitt behandelt die Softwarewerkzeuge, in denen entscheidungscheidungsorientierte und geschäftsrelevante Informationen für die Benutzer dargestellt werden – die BI-Frontends. Sie liefern dem Anwender Geschäftsdaten für die tägliche Arbeit und bieten interaktive Navigations- und Analysemöglichkeiten bei der Suche nach den gewünschten Zahlen. BI-Frontends gibt es in den verschiedensten Ausprägungen. Ihre Vielfalt reicht vom einfachen Excel-Add-In bis hin zu vorgefertigten Analysemodulen für komplexe betriebswirtschaftliche Auswertungen. Da dies in der Regel Standardprodukte sind, müssen sie oft individuell angepasst und ergänzt werden. Da einfache Abfrage-Werkzeuge in großen Data Warehouse-Umgebungen sehr schnell an ihre Grenzen stoßen, wurden Tools zur

Datenaufbereitung und Analyse entwickelt, die für solche Abfragen optimiert sind und als Zwischenschicht zwischen Data Warehouse und Frontends angesehen werden können. Gemeint sind hier die bereits behandelten Werkzeuge OLAP und Data Mining (vgl. Punkt 2.2.). [Monitor 5/2003]

Eine Hauptkategorie von BI-Frontends ist das Berichtswesen, besser bekannt als Reporting. Darunter versteht man die Gesamtheit von Methoden und Techniken für die betriebliche Berichterstattung. Reporting umfasst sowohl die Berichterstellung auf Grundlage von relationalen Datenbanken (z. B. Data Warehouse) als auch auf Grundlage von multidimensionalen Datenbanken (OLAP). Es gibt eine Vielzahl von Reporting-Techniken: Als Standard-Reporting bezeichnet man das Auswerten von Daten mittels vorgefertigter Berichte. Vorteile sind die einheitliche Datenberechnung, ein einheitliches Berichtsdesign und Zeitersparnis, da die Berichte nicht von jedem Nutzer neu zusammengestellt werden müssen. Beispiele für diese Technik sind monatliche Umsatzberichte. Standard-Berichte können in zwei Untergruppen unterteilt werden: Managed-Reports sind Standard-Reports für eine breite Masse von Berichtsempfängern. Da sie mit speziellen Funktionen zur Selbstbedienung ausgestattet sind, können sich die Reportkonsumenten den jeweiligen Bericht nach ihren individuellen Bedürfnissen maßschneidern. Parametrisierte Reports sind ebenfalls Standardberichte, die beim Aufruf die Eingabe von Parametern zum individuellen Filtern der Daten verlangen. Der Vorteil dabei ist, dass verschiedene Auswertungsaspekte mit einem Berichtsdokument abgedeckt werden können, anstatt für jeden Aspekt ein eigenes Dokument zu erstellen. Das Gegenteil zum Standard-Reporting ist das Ad-hoc-Reporting. Es bedeutet so viel wie Berichtserstellung aus dem Augenblick heraus. Dabei werden Berichte erst dann erstellt, wenn man sie benötigt. Als Grundlage dienen z. B. OLAP-Analysen. Werden diese Informationen öfter benötigt, ist es ratsam aus dem Ad-hoc- einen Standard-Bericht zu erstellen. Enterprise Reporting beinhaltet das unternehmensweite Erstellen und Verteilen von Standardberichten und Ad-hoc-Abfragen. Dadurch werden die Berichte einer großen Anzahl von Benutzern kostengünstig zur Verfügung gestellt. [Cognos]

Zur Visualisierung von Daten gibt es ebenfalls verschiedene Werkzeuge, wie z. B. Dashboards. Es handelt sich hierbei um Überblickskonsolen, die bestimmte, spezifische Informationen, die vertieft beobachtet werden sollen, grafisch darstellen [Cognos]. Die Visualisierung ist oft wie ein Armaturenbrett aufgebaut. Anhand der dargestellten Armaturen können Anwender wichtige Kennzahlen einfacher entlang verschiedener Dimensionen betrachten. Es werden meist personalisierte oder Standard-Dashboards angeboten. Angezeigt werden z. B. Warnhinweise, Indikatoren oder Links zu Berichtsfavoriten. Dashboards können in der Regel unternehmensweit definiert und für andere Anwender freigegeben werden [Informatica]. Abbildung 10 zeigt ein typisches Dashboard:

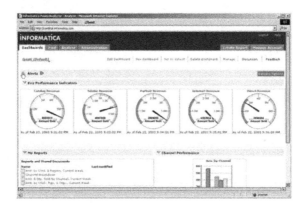

Abbildung 10: Informatica Power Analyzer - Dashboard

Ein Werkzeug zur Visualisierung und Analyse sind Entscheidungsbäume. Es handelt sich hierbei um ein Verfahren des Data Mining, welches nicht nur für die Datenaufbereitung und - analyse, sondern auch für die Visualisierung verantwortlich ist. Hierbei wird der Anwender über empfohlene Analysepfade zur Ursachenermittlung geführt. Analytische Entscheidungsbäume bestehen aus mehreren miteinander verknüpften Berichten und werden in einer baumähnlichen Struktur dargestellt. Durch die einfache Darstellung und Handhabung können Entscheidungsbäume sowohl von so genannten Power Usern als auch von Anwendern, die das Werkzeug nur gelegentlich nutzen, verwendet werden. Dadurch wird die Entscheidungsfindung beschleunigt und verbessert, da typische analytische Abläufe „standardisiert" werden (vgl. Abbildung 11) [Informatica].

Abbildung 11: Informatica Power Analyzer: Analyse durch
Entscheidungsbäume

Die meisten BI-Front-End- bzw. Anbieter von BI-Suiten ermöglichen die Integration von Microsoft Office Produkten, wie z. B. den Export von Daten in Excel oder den Export in Pivot-

Tabellen. [Informatica] bietet sogar die Nutzung aller Microsoft Excel-Funktionen direkt in der Benutzeroberfläche ihres Power Analyzer. Hierdurch ist der Anwender beispielsweise in der Lage Simulationen durchzuführen oder bereits erstellte Vorlagen und Makros weiter zu verwenden. [Informatica]

Die meisten Anbieter bieten webbasierte Frontends an. Der Vorteil liegt klar auf der Hand: Die Verwendung des Standardbrowsers ist den meisten Nutzern vertraut. Hohe Schulungskosten entfallen. Der Zugriff kann vom Arbeitsplatz oder mobil erfolgen. Durch die Einbindung von Business Intelligence-Funktionen in ein Web-Portal kann der Nutzer von einer Benutzeroberfläche auf alle Werkzeuge zugreifen.

3 Architektur

3.1 Allgemeine Architektur

Eine allgemeine Business Intelligence-Architektur stellt [BARC] vor. Die in Kapitel 2 anhand ihrer Aufgaben vorgestellten Werkzeuge werden dabei in eine fünfschichtige Architektur eingeordnet. Die drei Hauptkomponenten Vorsysteme, Data Warehouse und Anwenderwerkzeuge werden durch die Prozesse Datenintegration und Datenaufbereitung verbunden.

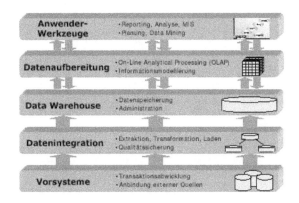

Abbildung 12: Architektur von Business Intelligence Systemen

Laut [BARC] besteht eine Business Intelligence-Anwendung „in der Regel aus verschiedenen Komponenten auf jeder Architekturebene des Business-Intelligence-Systems, die selten komplett von einem Softwareanbieter geliefert werden."

3.2 Anbieterarchitekturen

„Es existieren sowohl Spezialanbieter für jeden Business Intelligence-Aufgabentyp als auch Hersteller von Business Intelligence-Suiten, die häufig nicht nur verschiedene Anwenderwerkzeuge, sondern auch Datenintegrations- und Datenspeicherungsmöglichkeiten mit anbieten. Beispiele für hinsichtlich Umsatz und Anwenderzahlen große, weltweit operierende und mit einem breiten Lösungsspektrum ausgestattete Softwareanbieter sind Brio, Business Objects, Cognos, Crystal Decisions, Hyperion, IBM, Informatica, Information

Builders, Microsoft, MIS, Oracle, SAP oder SAS. Daneben gibt es nicht zu vernachlässigende Anbieter mit regionalen oder funktionalen Schwerpunkten." [BARC]

Die folgenden Abbildungen zeigen die Umsetzung einiger Business Intelligence-Anbieter:

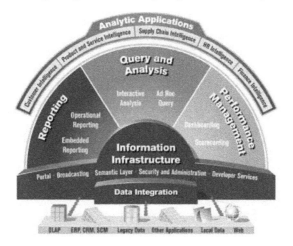

Abbildung 13: Architektur Business Objects

Business Objects bietet eine sehr umfangreiche Business Intelligence Lösung, die sich schon in Richtung Corporate Performance Management bewegt, an. Der Bereich Reporting umfasst, das von Business Objects kürzlich übernommene Angebot des Reporting Primus Crystal Reports. Query and Analysis beinhaltet: WebIntelligence, BusinessObjects, OLAP Access, BusinessQuery, BusinessObjects Enterprise. Das Performance Management beinhaltet Dashboarding und Scorecarding.

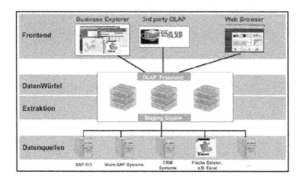

Abbildung 14: SAP Business Warehouse

Das SAP Business Warehouse gliedert sich in Datenquellen, Datenwürfel und Extraktion und Frontends. Die mittlere Schicht umfasst die Bereiche Datenspeicherung und Datenaufbereitung

während die obere Schicht die Informationsdarstellung umfasst. Auch bei SAP wird ein Webbasiertes Frontend bevorzugt.

Den meisten Anbietern gemein ist der modulare Aufbau der angebotenen Lösungen. Es können komplette Business Intelligence-Suiten oder auch nur bestimmte Teillösungen im Unternehmen zum Einsatz kommen. Dadurch sind die Unternehmen in der Lage, die nötigen Anpassungen vorzunehmen. Weiterhin implementieren Anbieter immer mehr Funktionalitäten, auf die über Inter- oder Intranet zugegriffen werden kann. Die Einbindung in Portale spielt hierbei eine wichtige Rolle.

4 Schlußwort

Ziel der Seminararbeit war, einen Überblick über die Werkzeuge zur Realisierung von Business Intelligence zu geben. Dabei hat sich herauskristallisiert, dass es sich vorwiegend um bereits bekannte und eingesetzte Komponenten handelt, die unter dem Oberbegriff Business Intelligence zu einem Konzept zusammengefasst wurden, das das Unternehmen auf taktischer, operativer und strategischer Ebene unterstützen soll. Um Entscheidungsunterstützung zu bieten, müssen Daten gewonnen, im entscheidungsrelevanten Kontext aufbereitet und als Informationen an die Bedürfnisse der Benutzer angepasst, dargestellt werden.

Es werden sowohl Lösungen angeboten, die das gesamte Spektrum des Business Intelligence-Konzepts abdecken, als auch Speziallösungen, die nur bestimmte Aufgabenbereiche abdecken. Ein Trend, der von den meisten Anbietern bereits erkannt und zum Teil umgesetzt wurde, ist die Bereitstellung der Daten in Echtzeit – Realtime Analytics genannt. Dabei werden zwei bislang getrennte Softwarekategorien zusammengebracht - ETL- und EAI-Lösungen (Enterprise Application Integration). „Nur so können Geschäftsanalysen auf der Basis von jüngsten Transaktionsdaten erstellt und Entscheidungen zeitnah gefällt werden." [IT-Fokus, S. 13f] Daten bestehen nicht mehr nur aus extrahierten, historischen Daten, sondern auch aus transaktionsbasierten Daten aus operativen Vorsystemen. Dabei kommen Message Queing Systeme, Message Broker oder ein Information Bus zum Einsatz, die den Transport der Daten in Echtzeit in die Datenbasis ermöglichen. Damit das Unternehmen über die eingegangenen Transaktionsdaten informiert wird, kommen Warnsysteme zum Einsatz. Ein weiterer Trend ist sicherlich das Fortschreiten der Integration verschiedenster Endanwendergeräte. Dabei kommen neben den üblichen Desktop-PC's und Notebooks vermehrt PDA's und Handys zum Einsatz, damit der Entscheider immer und überall informiert ist. Dies setzt die Webfähigkeit sowohl von Geräten als auch von BI-Werkzeugen voraus und einen Übergang von der Fat- zur Thin Client-Architektur. Dabei definiert der Client nur noch Verarbeitungsaufgaben und schickt sie an den Server, der die Ergebnisse der Abarbeitung an den Thin Client zurücksendet und diese darstellt. Diese Architektur ist höher skalierbar und kostengünstiger zu pflegen als eine Fat Client-Architektur.

Die Weiterentwicklung des Business Intelligence ist das Corporate Performance Management. Dazu schreibt die [Computerwoche]: „Gartner war's: Nach „Business Intelligence" (BI) hat das Beratungsunternehmen Gartner mit „Corporate Performance Management" (CPM) einen weiteren Begriff für entscheidungsunterstützende Softwareprodukte vorgestellt. Danach ist CPM „ein Satz von Methodiken, Metriken, Prozessen und Systemen, mit denen sich die Unternehmensleistung überwachen und steuern lässt." In der Praxis bedeutet dies einen bunten Mix aus BI-Produkten - insbesondere analytischer Anwendungen, Kennzahlen-

basierender Lösungen sowie Tools für die Echtzeit(-nahe) Auswertung von Geschäftsprozessen. Unternehmen ihrerseits können mit dem CPM-Begriff noch wenig anfangen, sehr wohl jedoch mit einer kohärenten und zeitnahen Unternehmensplanung. Daher wird CPM neue strategische Debatten über das künftige Potenzial von BI anstoßen. Gartner rechnet folglich damit, dass schon in drei Jahren rund 40 Prozent aller Großunternehmen über eine wie auch immer geartete CPM-Strategie verfügen werden - vorausgesetzt, den Marktforschern fällt bis dahin nicht ein neuer Terminus ein."

LITERATURVERZEICHNIS

[AIFB]   Vorlesung zu Knowledge Discovery, AIFB Uni Karlsruhe
                http://www.aifb.uni-karlsruhe.de/Lehrangebot/Winter2001-
                02/kdd01_02/scripte/3_Vertrautmachen.pdf, abgerufen   am
                27.05.2004

[BARC]   Business Application Research Center (BARC), Torsten Bange:
                „Business Intelligence: Systeme und Anwendungen", 2003 -
                http://www.olap-competence-
                center.de/bisysteme.nsf/44ed936957de26d7c1256911003d7e42/91
                590929723655dbc1256cfb00614a49!OpenDocument,   abgerufen
                am 27.05.2004

[Brac96]   Brackett, M. H.: The Data Warehouse Challenge – Taming Data
                Chaos, New York/Chichester/Brisbane, 1996, in [Mucksch/Behme]

[Chri96]   Christ, N.: Archivierungssysteme als Bestandteil eines Data
                Warehouse, in [MuBe96, 301-335]

[Codd et. al]   Codd, E. F.; Codd, S. B.; Salley, C. T.: Providing OLAP to User-
                Analysts: An IT Mandate, White Paper, Codd & Date Inc.; 1993, in
                [Jahnke]

[Cognos]   Cognos GmbH: BI-Guide - http://www.biguide.de/, abgerufen am
                27.05.2004

[Computerwoche] Computerwoche:
                http://www.computerwoche.de/index.cfm?pageid=254&artid=4199
                6, abgerufen am 27.05.2004

[Control]   o. V.:
                http://www.steuernetz.de/praxistipps/controlling_rechnungswesen/
                PT012.html, abgerufen am 31.05.2004

[Data 94]   DATAPRO INFORMATION GROUP: IBM Information
                Warehouse Strategy, Delran 1994, , in [Mucksch/Behme]

[DeMu88]   Devlin, B. A.; Murphy, P. P.: An Architecture for a Business and
                Informations System, in: IBM Systems Journal: 1/1988, S. 60-80, ,
                in [Mucksch/Behme]

[FäHo94]   Fähnrich, K.-P.; van Hoof, A.: Wissensmanagement gewinnt
                immer mehr an Bedeutung, in: Computer Zeitung: 31/1994, S. 18, ,
                in [Mucksch/Behme]

[Fank]   Prof. Dr. Matthias Fank: IFEM Whitepaper: Business Inteligence –
Das Ringen um Trendthemen in wirtschaftlich Turbulenten Zeiten,
2002 – www.ifem.org/ifem_bi_wp.pdf, abgerufen am 27.05.2004

[Gartner]   "Business Intelligence is the process of transforming data into
information and, through discovery into knowledge." (Quelle:
Gartner Group.) Maßgeblich geprägt wurde der Terminus
seinerzeit von Howard Dresner, offizieller Gartner-Analyst seit
1992 (vgl. Deborah Quarles van Ufford, Business Intelligence - The
Umbrella Term, Freie Universität Amsterdam, 11/2002).

[Grothe/Gentsch]   Martin Grothe und Peter Gentsch: Business Intelligence. Aus
Informationen Wettbewerbsvorteile gewinnen, Addison-Wesley,
München, 2000.

[GuSS93]   Gulbins, J.; Seyfried, M.; Strack-Zimmermann, H.: Elektronische
Archivierungssysteme   –   Image   Management-Systeme,
Dokumenten-Management-System, Berlin/Heidelberg/New York
1993 , in [Mucksch/Behme]

[Hack96/Bold99]   Hackathorn, R. D.: Web Farming for Data Warehousing, Bolder
Technologie, Oktober 1996 – Link: http://www.bolder.com/web-
farm.pdf in [Mucksch/Behme]
und
Bolder Technology, INC: Providing Strategic Business Intelligence
by Systematically Farming the Information Resources of the web –
http://webfarming.com/intro/default.html,   abgerufen   am
27.05.2004

[Informatica]   Informatica Corporation -
http://www.informatica.com//products/poweranalyzer/default.htm,
abgerufen am 27.05.2004

[Inmon]   Inmon, W. H.: Building the Data Warehouse, 2. Auflage, New
York/Chichester/Brisbane 1996

[Inmon/Hack]   Inmon, W. H./Hackathorn, R. D.: Using the Data Warehouse, New
York u. a. 1994

[IT-Fokus]   IT-Fokus 6/2003, S. 11-29

[Kantardzic]   Kantardzic, M.: Data Mining – Concepts, Models, Methods, and
Algorithms

[Köster]   Mathias Köster: „Business Intelligence und Data-Warehouse:
Datenfriedhof   oder   Schatztruhe"-
http://www.contentmanager.de/magazin/artikel_235_business_intel
ligence_data_warehouse.html, abgerufen am 27.05.2004

[Jahnke]	Jahnke, B.; Groffman, H.-D.; Gruppa, S.: On-Line Analytical Processing (OLAP) Entscheidungsunterstützung von Führungskräften durch mehrdimensionale Datenbanksysteme, Tübingen 1996 – http://www.uni-tuebingen.de/wi/forschung/Arbeitsberichte(3)/ ab_wi16.ok/ab_wi16.pdf, abgerufen am 27.05.2004
[McCl96]	McClanahan, D.: Making Sense of Enterprise Data, in: Databased Advisor: 11/1996, S. 76-79, , in [Mucksch/Behme]
[MeGr93]	Mertens P.; Griese J.: Integrierte Informationsverarbeitung 2, Planungs- und Kontrollsysteme in der Industrie, 7. aktualisierte und überarbeitete erweiterte Auflage, Wiesbaden 1993, , in [Mucksch/Behme]
[MoGr96]	Moriarty, T.; Greenwood, R. P.: Data's Quest – From Source to Query, in: Database Advisor: 10/96, S. 78-81, , in [Mucksch/Behme]
[Monitor 5/2003]	Monitor, Ausgabe 5/2003: Wolf, I. u. R.: Mit Business Intelligence erfolgreicher im Wettbewerb bestehen - http://www.monitor.co.at/index.cfm?storyid=5741 und Bange, C. : Werkzeuge und Technologien für die Unternehmenssteuerung - http://www.monitor.co.at/index.cfm?storyid=5739, abgerufen am 27.05.2004
[MoMa96]	Moriarty, T.; Mandracchia, C.: Heart of the Warehouse, in: Database Advisor: 11/1996, S. 70ff, in [Mucksch/Behme]
[Mucksch/Behme]	Mucksch, Behme: Das Data Warehouse-Konzept, 4. Auflage, Wiesbaden 2000
[MuBe96]	Mucksch, Behme: Das Data Warehouse-Konzept, Wiesbaden 1996
[MuHR96]	Mucksch, H.; Holthius, J.; Reiser, M.: Das Data Warehouse Konzept – ein Überblick, in Wirtschaftsinformatik: 4/1996, S. 421-433, in [Mucksch/Behme]
[NetLexikon]	Net Lexikon – http://www.net-lexikon.de/Business-Intelligence.html, abgerufen am 27.05.2004
[o. V. 94]	o. V.: Data Management Review's two Categories of Data Warehouse Products, in Management Review: 5/1994, S. 14-19, in [Mucksch/Behme]
[Powe94]	Powell, R.: The Five Elements of the Data Warehouse: An Interview With Don Haderle, IBM Corporation, in Data Management Review: 5/1994, S. 13, in [Mucksch/Behme]

[sapbwst]   Raad Consult, Studie Berichtswesen in SAP BW-Umgebungen, München 2003 – http://www.cognos1.de/lp/sap-bw/inhalt.jsp, abgerufen am 27.05.2004

[Systor]   Systor AG: Data Warehousing mit ETL-Tools - http://www.olap-competence-center.de/bisysteme.nsf/f1b7ca69b19cbb26c12569180032a5cc/51ba58ccd922d027c1256c22004e3cc5!OpenDocument, abgerufen am 27.05.2004

[Wi/Bu/Bu]   Wiedmann, K.-P.; Buckler, F.: Auszug aus: Neuronale Netze im Marketing-Management -Praxisorientierte Einführung in modernes Data Mining http://www.olap-competence-center.de/bisysteme.nsf/f1b7ca69b19cbb26c12569180032a5cc/2134e576d3f5a4e3c1256a41005fd470!OpenDocument, abgerufen am 27.05.2004

[WI-Kal]   Lassmann, W.; Picht, J.; Rogge, R.: Wirtschaftsinformatik-Kalender 2001, 2000

[Ziegler]   Horst Ziegler: „Business Intelligence für den Mittelstand - Aus Visionen werden Lösungen"- http://www.olap-competence-center.de/bisysteme.nsf/f1b7ca69b19cbb26c12569180032a5cc/951d85dba32b4747c1256e450039ab9a!OpenDocument, abgerufen am 27.05.2004